L'ASSOCIATION FRATERNELLE

DES ANCIENS ÉLÈVES DE L'ÉCOLE

DE

COLUMBOVILLE

PAR

Ernest DESSAINT

COULOMMIERS

IMPRIMERIE DESSAINT ET Cⁱᵉ

1911

HISTOIRE VÉCUE

DU MÊME AUTEUR

Quelques Rimes. *Poésies*, avec lettre préface de M. Médéric Charot, 1 vol. in-16 . . . . **1** »

Causeries historiques sur Coulommiers. 1 vol. in-16 avec figures et plans (épuisé).

Notice historique sur Coulommiers, à l'usage des enfants des écoles, avec lettre préface de M. Collin inspecteur primaire.

Histoire de Coulommiers, 1 vol. in-8° carré avec figures, publiée dans la collection : *Histoire des communes de France* (Jouve et Cⁱᵉ) éditeurs, Paris . . . . **4** »

La Tannerie à Coulommiers, de 1170 à 1900. 1 vol. in-8° raisin avec gravures . . . . **2** »

Paraîtra prochainement.

Autres Rimes. *Poésies.*

L'ASSOCIATION FRATERNELLE

DES ANCIENS ÉLÈVES DE L'ÉCOLE

DE

COLUMBOVILLE

PAR

Ernest DESSAINT

COULOMMIERS

IMPRIMERIE DESSAINT ET Cⁱᵉ

1911

A LA MÉMOIRE D'EUGÈNE BERTRAND

PRÉSIDENT-FONDATEUR

de l'Association fraternelle des anciens Élèves de l'École communale de Coulommiers.

> Nouveau Samaritain prêchant l'autre évangile,
> Tu nous communiquais ton ardeur et ta foi ;
> Jusqu'au dernier moment tu fus le doux vigile,
> Car l'amour fut ton dogme et la bonté ta loi.
>
> Ton généreux effort inspirera le nôtre :
> Si, travailleurs obscurs au labeur asservis,
> Nous avons ignoré ton beau geste d'apôtre,
> Tes chers projets, du moins, par nous seront servis.

E. D.

CHAPITRE I

Vingt années d'absence ne t'ont pas changé, dit Eugène Béquillard à son ami Armand Larigolle, et je te retrouve aujourd'hui d'une gaîté aussi bruyante et d'une ardeur aussi juvénile qu'au temps de notre prime jeunesse.

Tu me parais avoir conservé tes habitudes de jadis, qui te faisaient prendre du bon côté toutes les petites misères dont la vie est faite et tu gardes cette insouciance du bon Larigolle d'autrefois, surnom que je me plais à te donner encore.

Malgré ton éloignement, le souvenir de notre vieille camaraderie n'était pas effacé de mon esprit.

La destinée nous fit suivre deux routes opposées.

Tandis que tu bataillais dans la grande ville pour te créer une petite position à laquelle je te félicite d'être parvenu, je restais modestement au pays natal, heureux d'y vivre à l'ombre de son vieux clocher et n'ayant d'autre ambition, quand ma tâche sera faite, que celle d'y dormir pour toujours près des êtres chers disparus.

Et voilà qu'aujourd'hui, profitant d'un congé que t'accorda ton patron, à l'occasion du mariage de sa fille, m'as-tu dit, le désir t'est venu de revoir les amis d'autrefois, et tu me fais le plaisir de me compter au nombre de ceux-là, puisque, à peine arrivé à Columboville, ta première visite est pour moi.

Je t'en remercie très sincèrement.

Je n'ai jamais douté de ton estime, je crois

même pouvoir dire de ton affection, car je me souviens avec bonheur des moments que jadis nous passâmes ensemble sur les bancs de l'école et les amitiés qui s'ébauchent dans cette intimité charmante sont de celles que le temps émousse parfois, mais n'efface jamais.

Tu m'en donnes encore la preuve aujourd'hui, mon cher Armand, et ta générosité va jusqu'à manifester les regrets que t'inspire mon ignorance de toutes les merveilles que tu connais et de tous les plaisirs dont tu jouis.

Laisse-moi te dire que je ne suis pas tant à plaindre.

Je suis satisfait de mon sort; j'ajouterai même : je suis heureux; car toutes les beautés dont tu me parles avec l'enthousiasme d'un provincial déraciné de son sol, je les connais.

Du reste, puisque tu me fais l'agréable surprise de me consacrer cette matinée, je te garde à déjeuner avec moi.

Nous causerons plus à l'aise.

Nous prendrons le café, sous l'humble charmille de mon jardinet, et en te montrant mes nouvelles variétés de roses, je te prouverai que toutes les joies de ta vie parisienne, je les trouve ici. Le cadre est plus petit sans doute ; mais le résultat atteint, seule chose qui compte, est plus beau.

Allons, c'est dit, nous revivrons quelques bons moments de notre jeunesse, en évoquant les souvenirs d'autrefois, et puisque, avec ta franchise habituelle tu m'as raconté ce que tu fais là-bas, je me réserve de te dire ce qui se fait ici ; tu verras que ce n'est pas trop mal.

C'est une histoire qui, j'en suis sûr, t'intéressera. Elle aura surtout le mérite d'être une histoire vécue.

Ce qu'elle fait

CHAPITRE II

Tu n'as pas oublié nos camàrades d'enfance, ceux avec lesquels nous avons jadis travaillé sur les bancs de l'école, dit Eugène Béquillard à Larigolle au moment où le café paraissait sur la table.

Tu te souviens de Tourdel, de Lemaçon, de Saindès, de Savary, de Robinet, de tous les Pierre, les Paul, les Jules, les Edouard et les Ernest qui furent tes amis d'enfance; je dis tes amis car tu étais déjà le bon enfant que tu es resté et tu ne comptais que des sympathies.

Je te cite ceux-là, mais c'est tous ceux qui furent écoliers de notre temps que je devrais rappeler à ta mémoire, car ils ont tous leur rôle, plus ou moins modeste, dans l'histoire que je vais te raconter.

Quelqu'un que tu n'as certes pas oublié, c'est notre ancien instituteur, M. Lavallée.

C'était un maître remarquable dont le savoir était grand et le dévouement sans borne. Tu te souviens, n'est-ce pas? Et il m'est infiniment doux de voir luire en tes yeux le témoignage de la reconnaissance que nous devons tous à cet homme de bien qui reste, malgré les ans, le guide le plus sûr et l'ami le plus dévoué.

Ce sont là, mon cher Larigolle, les personnages de mon histoire.

Tu en goûteras d'autant mieux le charme, qu'à l'encontre d'un roman sensationnel, aucune intrigue, aucun mystère ne t'en cachera le sens, et je suis sûr que l'infinie bonté qui s'en dégage, te sera agréable à connaître.

Je commence donc.

C'était en 1891 ; il y a de cela, tu le vois, vingt années ; c'est dire qu'on ne connaissait pas encore les Associations amicales qui, depuis cette époque, ont été créées jusque dans les plus petites communes de notre beau pays.

Quelques anciens élèves de Columboville, désireux d'établir un lien de camaraderie entre eux, décidèrent de former une Société qui prit pour titre : « Association fraternelle des Anciens élèves de l'école communale de Columboville ».

Je t'avoue tout d'abord que je fus un peu le promoteur de l'idée.

C'est ici même, sous la charmille du jardinet où nous venons de déjeuner, que la première réunion eut lieu.

Une dizaine de camarades avaient répondu à mon appel ; M. Lavallée était des nôtres, et après avoir échangé nos vues sur le but à atteindre et les moyens à employer pour y parvenir, nous arrêtâmes les statuts de la Société, dont voici les principaux articles :

ARTICLE 1ᵉʳ.

Une Association fraternelle est formée entre les anciens élèves de l'école communale des garçons qui adhèrent aux présents statuts.

ART. 2.

Cette Association a pour but :

1º De créer et d'entretenir un centre de relations fraternelles entre les anciens élèves de l'École communale des garçons;

2º De concourir à la prospérité de l'École communale et au développement de l'instruction primaire par la création de livrets de Caisse d'épargne, de prix offerts chaque année au nom de l'Association;

3º De faire l'acquisition de divers jeux qui permettront aux élèves de se divertir pendant les jours de congé et de vacances.

Art. 3.

Les jeux seront mis à la disposition des élèves sous la surveillance du directeur de l'École communale.

Art. 4.

Tout ancien élève de l'École communale peut faire partie de l'Association dès la sortie de l'École moyennant une cotisation annuelle de 2 francs au minimum, sauf l'approbation de ses parents ou tuteur s'il est mineur.

Art. 5.

L'Association recevra les dons manuels faits par toutes personnes désireuses d'encourager l'instruction primaire.

.   .   .   .

Ces statuts furent approuvés par M. le Préfet du département. Une grande réunion à laquelle tous les anciens élèves de l'école des garçons furent conviés, eut lieu dans la salle de théâtre et le bureau fut constitué.

Nos camarades me firent le très grand honneur de me confier la présidence, et ils m'ont jusqu'à ce jour conservé cette confiance, ce dont je leur suis très sincèrement reconnaissant.

Les débuts furent assez pénibles.

Certains ne semblaient pas comprendre, d'autres combattaient systématiquement notre œuvre.

Mais le temps, ce grand justicier, a fait disparaître l'indécision des uns et la mauvaise humeur des autres.

Aujourd'hui, nul ne conteste l'utilité de notre Société et tous ceux qui en font partie savent qu'une franche camaraderie règne dans la douce intimité de nos réunions.

Nous étions cinquante à peine à la fondation; nous sommes aujourd'hui plus de trois cents membres; l'éloquence de ces chiffres me dispense de tout autre commentaire.

Maintenant que tu connais le but de notre Association, je ne doute pas que tu ne l'approuves et je vais te raconter par le menu ce que nous avons fait.

Pour qu'une Société comme la nôtre puisse produire le maximum des bons effets qu'on attend d'elle, il faut que son cadre soit assez large pour englober tout ce qui est susceptible d'intéresser les jeunes gens que nous nous proposons d'amener à nous. C'est la multiplicité des distractions qui leur sont offertes — tout en faisant le bien — qui évite la lassitude qu'on voit se manifester malheureusement même dans les groupements qui paraissent présenter le plus de cohésion.

Aussi, sans hésiter, nous avons créé successivement : une section de tir, un groupe choral, un groupe de foot-ball et une section lyrique.

Nous avions eu l'intention, dès l'origine, d'organiser une section de gymnastique. Nous y avons renoncé, parce que la plupart de nos camarades faisaient déjà partie d'un groupement semblable et que nous avons surtout pour objectif de n'entraver d'aucune façon le libre fonctionnement des sociétés qui existent dans Columboville.

Tu sais, toi qui fus un gymnaste dans l'ardeur de tes quinze ans, combien ce sport est utile.

Le jeune homme, presque encore un enfant, assouplit ses muscles par l'usage de la corde lisse et de la barre fixe, il développe sa cage thoracique par les barres parallèles et il donne à tout son corps plus de vigueur et d'élasticité, par le saut, les exercices d'assouplissement et la manœuvre des engins.

En dehors de ces avantages, pour ainsi dire matériels, qu'il tire de la fréquentation des salles de gymnastique, il y puise un enseignement moral d'une haute portée sociale.

En effet, ce qui n'était pour lui au début qu'une distraction, qu'une fantaisie, devient par la suite, un devoir.

Il comprend, parce qu'on le lui enseigne, qu'il n'est pas seulement une unité, un numéro qui s'ajoute aux autres pour former l'effectif de la société, mais que son bon renom ainsi que les succès qu'elle est en droit d'escompter, dépendent de la valeur de chaque individu qui la compose.

Et c'est cette discipline librement consentie qui fait la force morale de la collectivité.

C'est une autre école, vois-tu, mon cher Armand; le maître n'y parle plus de grammaire ou de géographie, mais les réalités apparaissent d'une façon plus tangible aux yeux des élèves, parce que leurs facultés sont constamment tendues vers le but à atteindre : aimer son pays et le bien servir.

Mais si nous n'avons pu, pour les raisons que je viens de t'indiquer, créer un groupe de gymnastique, le champ s'offrait vaste encore à notre activité.

Nous nous sommes tournés vers le tir, et là nous avons eu un succès qui dépassa nos espérances.

Ah! mon cher ami, tu me disais tout à l'heure, quand tu me parlais des mille et une merveilles de ta vie parisienne, qu'un provincial attaché à son sol ne pouvait pas même soupçonner l'infinie variété des plaisirs qui s'offrent dans l'étourdissant brouhaha de la grande ville.

C'est une fête perpétuelle, ajoutais-tu.

Ce serait pour moi, j'en suis sûr, un plaisir
moins grand que celui que j'éprouve, quand
par une après-midi de dimanche ensoleillé, je
me retrouve au stand avec mes camarades de
la Fraternelle.

Si tu voyais, quel ardent désir chez les uns,
quelle bonne volonté chez les autres, se mani-
festent, pour obtenir un résultat qui fasse honneur à l'Association.

J'aime ces réunions amicales, parce qu'elles
développent l'esprit de franche camaraderie, et
surtout parce qu'elles contribuent, pour une
faible part sans doute, mais qui ne saurait être
tenue pour quantité négligeable, à la défense
de notre beau pays.

Armand Larigolle esquissa un sourire ironi-
que.

— Cela te fait sourire, reprit Béquillard, et

tu te demandes sans doute quelle relation il peut y avoir entre cent cinquante Columbovillois qui s'exercent au tir à la cible et la défense de notre pays.

Eh bien, laisse-moi te dire que ton ironie me chagrine et que je te crois tout autre qu'un snobisme de mauvais aloi tendrait à te faire paraître.

Je ne peux pas croire qu'un Briard soit un mauvais Français.

Or, peux-tu nier qu'avec la réduction du service militaire à deux années tel qu'il est aujourd'hui, ce n'est pas contribuer à la défense de la Patrie, que de se préparer par des exercices physiques, par un entraînement méthodique et raisonné, par une étude approfondie du tir?

Voilà ce que nos camarades envisagent lorsqu'ils vont à la cible ou à la salle de gymnastique.

L'enjeu de la partie n'est pas pour eux, la cocarde affreusement bariolée, ou les insignes ineptes et parfois indécents que distribue le tenancier de la baraque foraine.

Ils ont une conception plus haute et plus belle de leur devoir.

Les jeunes savent qu'ils seront soldats un jour et ils y pensent avec fierté; les autres, ceux qui, comme moi, ont déjà des fils d'argent sur les tempes, se souviennent avec orgueil qu'ils l'ont été et se disent avec émotion que demain peut-être ils le seront encore.

Et chacun, conscient de la tâche qu'il aurait à remplir, s'y prépare tout simplement et sans bruit.

— Oh! dit Larigolle, sans bruit, quand il s'agit de tir à la cible, cela n'est pas tout à fait l'expression de la vérité.

Béquillard resta un moment pensif.

— Tu serais à plaindre, reprit-il, si véritablement le scepticisme à la mode avait fait de toi
l'égoïste pour qui tout effort est vain, dont l'abou-
tissement n'est pas une jouissance personnelle.

Et quand bien même, ce qui n'est pas, Dieu
merci, nos séances de tir ne seraient qu'une
distraction pour nous, crois-tu qu'elles ne méri-
teraient pas encore d'être encouragées?

As-tu parfois réfléchi aux conséquences des
mauvaises fréquentations? N'as-tu jamais vu,
durant les après-midi du dimanche, des jeunes
gens livrés à eux-mêmes, traînant de cabaret en
cabaret, la cigarette aux lèvres et l'ordure à la
bouche?

La plupart d'entre eux sont pourtant de
braves garçons. Ils ont reçu, sur les bancs de
l'école, une éducation qui devrait les préserver
de toute souillure. Le maître leur a parlé jadis

des dangers de l'alcool et les a mis en garde
contre les entraînements faciles et funestes,
mais ces sages conseils sont oubliés. Dès qu'on
a pris la veste de l'apprenti on a voulu faire
l'homme et insensiblement on a roulé de vice
en vice, sans s'apercevoir qu'à gaspiller ainsi
son temps et son argent on risque fort de finir
un jour dans la peau d'une misérable brute.

— Ton exagération te porte à généraliser
quelques cas particuliers, riposta Armand.

— J'exagère ! dis-tu ? Eh bien, lisons ensemble
la statistique suivante que publiaient les quoti-
diens, ces jours derniers :

« Au sujet de la criminalité juvénile, le rapport du garde des sceaux, dont nous extrayons
ces renseignements, constate que le contingent
de criminalité apporté chaque année par la jeunesse à la criminalité totale a évidemment

grossi; l'augmentation a surtout porté sur les mineurs de seize à vingt ans; pour les enfants de moins de seize ans, les chiffres ne donnent qu'une idée incomplète de la réalité, car les parquets ne requièrent une information régulière que lorsque les renseignements sont mauvais ou les faits vraiment trop graves.

« Le chiffre des délinquants est beaucoup plus élevé, proportionnellement, parmi les mineurs de seize à vingt ans que parmi les majeurs. Cette prédominance de la criminalité juvénile s'accuse aussi bien pour les crimes que pour les délits. Elle est surtout visible en ce qui concerne les vols et les homicides.

« C'est ainsi que la proportion des mineurs de seize à vingt ans jugés pour coups et blessures est de 165 sur 100.000 et de 116 seulement pour les majeurs. De même, la proportion des mineurs de seize à vingt ans jugés pour vol simple est de 234 sur 100.000 et de 115 seulement pour les majeurs ».

Cette constatation officielle n'est-elle pas une preuve de ce que je te disais tout à l'heure?

N'est-elle pas effrayante, cette progression de la criminalité chez l'enfant?

Nous n'en sommes pas encore là, heureusement; Columboville ne connaît guère, à part quelques rares exceptions, cette plaie sociale, mais qui te prouve que cela ne viendrait pas?

Lorsqu'un membre est gangrené, le bistouri du chirugien est souvent impuissant à éviter la contamination du corps tout entier; il est plus sage et plus aisé de prévoir le mal que de le guérir.

Tu vois donc que notre œuvre, puérile en apparence pour ceux qui n'en comprennent pas toute la beauté, a sa raison d'être et mérite mieux que l'indifférence des uns ou les sarcasmes des autres.

— Je ne doute pas, mon cher Eugène, reprit Larigolle, de tes bonnes intentions, mais je ne crois guère aux vertus qu'elles doivent susciter.

—C'est tant pis pour toi, dit Béquillard, mais je t'ai promis de te raconter mon histoire; attends au moins de la connaître tout entière pour te prononcer.

Tous nos camarades, tu le penses bien, ne sont pas des fervents du tir.

Pour certains d'entre eux les sports qui demandent de l'activité ont plus d'attrait.

Nous avons à l'intention de ceux-ci organisé un groupe de foot-ball et je t'assure qu'il fait bonne figure.

Les Columbovillois ne sont pas manchots et si tu les voyais, par une belle journée de décembre,

matcher contre des groupes rivaux, venus de
cinq ou six lieues à la ronde, tu reconnaîtrais
que c'est un exercice qui vaut bien la partie de
manille faite dans un café où l'air est empesté
par la fumée du tabac et les relents d'alcool.

— Oh! mais, là encore, objecta Armand, tu
généralises pour les besoins de ta cause. Je
connais des cafés où l'on trouve une compagnie qui n'est pas à dédaigner. On s'entretient
des faits du jour, on parle politique, littérature,
théâtre, que sais-je? de toutes choses qui meu-
blent l'esprit. Et puis, on se crée des relations,
et à l'époque où nous sommes c'est indispen-
sable pour réussir.

— C'est vrai, dit Béquillard, nous sommes à
une époque où pour réussir il faut des relations,

c'est-à-dire se faire solliciteur, demander humblement, chapeau bas, ce qu'on ne devrait devoir qu'à son propre mérite; il faut avoir, c'est le terme inélégant mais typique, du piston. Qu'importe, sans doute, ce que cela cache d'injustice, pourvu qu'on en soit le bénéficiaire?

C'est encore une laideur à laquelle je ne consens pas à me soumettre.

Mais il n'y a pas que des relations créées ainsi, il y a aussi malheureusement des habitudes et celle, déplorable entre toutes, du cabaret.

C'est ce qui nous vaut le triste privilège d'être au premier rang parmi les nations pour la consommation de l'alcool en général et plus particulièrement de cette mixture qu'un poète dont le talent égala la débauche a baptisé la fée verte.

Nous consommons en France, d'après des statistiques qui ne sont qu'une approximation de la vérité, 14 litres d'alcool pur, par tête et

par an, et la contagion est si rapide que les pou-
voirs publics s'émeuvent de cette marée mon-
tante, cause de tant de scandales, crimes ou
suicides, qui déshonorent notre beau pays.

Le nombre des débits de boisson s'accroît
chaque jour et la misère du travailleur qui les
fréquente suit cette fatale progression.

Toutes les mesures proposées ou mises en pra-
tique pour enrayer ce fléau, le plus terrible de
l'heure présente, sont inefficaces, et un sous-
secrétaire d'État disait hier encore, à la tribune
du Sénat, que l'alcoolisme était en France une
maladie sociale.

Si c'est une maladie, il faut sans plus tarder
faire appel au médecin et dans le cas présent
le médecin, c'est l'éducateur.

Mais revenons à mon histoire.

Vous parlez théâtre, littérature, disais-
tu; nous ne nous contentons pas seulement

d'en parler, nous en faisons du théâtre.

Nous avons créé un groupe choral et un groupe lyrique, et deux fois l'an, sur la scène de Columboville, l'Association fraternelle offre à ses concitoyens des soirées charmantes.

Le programme en est composé avec goût et si ce n'est pas du grand art, oh! non certes, ce n'en est pas moins de l'art, naïf et sincère et parfois fait de tendre émotion.

Chacun a son rôle et chacun est à son poste, depuis le distributeur des billets jusqu'au chef d'orchestre.

Souvent même, et je te le dis non sans fierté, les acteurs de la troupe sont aussi les auteurs, et pour t'en donner une idée, je vais te réciter la poésie qu'un des nôtres composa pour une de nos soirées.

Je veux te la dire tout entière, de la dédicace au dernier vers. Écoute bien.

A mon vénéré maître

Monsieur Louis Lavallée

Ancien directeur de l'école communale de Columboville.

Vous souvenez-vous, camarades,
Du temps où, joyeux écoliers,
Devisant rébus et charades,
Nous mêlions à nos algarades,
Les bruits de nos jeux familiers?

Notre cher maître, esprit fort sage,
Mais très grondeur le plus souvent,
Sermonnait quelque frais visage
Ou bien par un heureux présage
Assagissait tête à l'évent.

Apprenez à vous mieux connaître.
Nous repétait-il à l'envi;
Une franche amitié fait naître,
Comme une source de bien-être,
Où chacun de nous est servi.

Qui ne se souvient et tressaille
A ces paroles de longtemps :
« Le monde autour de vous travaille,
Enfants, il n'est rien qui ne vaille
Le prix de vos efforts constants. »

Que d'heures sont ainsi passées
En rêves heureux d'avenir;
Empreintes jamais effacées,
Qui restent dans le cœur placées,
Dont on aime à se souvenir.

Tel le laboureur ensemence
Le champ qui devient productif,
Le maître a jeté la semence,
Et c'est la moisson qui commence,
Fruit de son labeur attentif.

Ah! puisse-t-elle être éternelle,
Et fertile en heureux effets!
Déjà, sous sa main paternelle,

L'Association fraternelle
A multiplié ses bienfaits.

Comme autrefois, toujours le même,
Esprit vaillant, cœur généreux,
Pour lui c'est une joie extrême
D'être entouré de ceux qu'il aime,
D'être non moins aimé par eux.

Or, quand souriant il apporte
L'avis qu'il donne avec bonté,
Sa présence nous réconforte,
Et notre ardeur en est plus forte,
Plus ferme est notre volonté.

Car si parfois nous délaissâmes
Ses conseils, nous avons appris,
Et depuis lors nous nous aimâmes,
En rêvant l'union des âmes
Au souffle divin des esprits.

Nous nous souvenons, camarades,
De notre bon temps d'écoliers,
Nous ne pensons plus aux charades,
Nous oublions nos algarades,
Et nous aimons nos ateliers.

Nous nous souvenons, camarades,
De notre bon temps d'écoliers.

Eh bien, qu'en penses-tu?

—Ce n'est pas mal, en effet, concéda Armand; il y a là un noble sentiment, assez gentiment exprimé; mais c'est égal, je voudrais bien assister à une de vos représentations.

— C'est entendu, je t'adresserai une invitation pour la prochaine et tu verras, si tu veux bien nous juger sans parti pris, que, selon la belle expression du poète briard, Médéric Charot, nous avons trouvé le bon moyen de nous amuser en amusant les autres.

De plus ces soirées comptent pour un appoint considérable dans la constitution de notre modeste budget et elles nous permettent de faire un peu de bien, en consacrant une partie de la recette, et parfois la totalité, à quelque œuvre de bienfaisance.

Je connais assez ton bon cœur pour être sûr que, sur ce terrain-là, tu nous approuves sans réserve.

Eh bien oui, qu'il s'agisse d'une fête locale, ou d'une œuvre de charité, ce n'est jamais en vain qu'on fait appel à notre concours.

Il y a quelques années, lorsqu'on organisa à Columboville la grande cavalcade dont les journaux ont dû te porter les échos, la Fraternelle y figurait par un superbe char.

L'année suivante, quand l'épouvantable catastrophe de Courrières mit en deuil tout le bassin minier du Nord, nous fûmes encore au premier rang dans le programme de la kermesse organisée au bénéfice des orphelins.

Cela est si facile de faire le bien, on éprouve une joie si pure à se dire qu'on a pu rendre service à son prochain, que la fraternité n'est pas un mot creux et sonore, qu'enfin aujourd'hui les enfants d'un même pays comprennent véritablement la beauté de leur mission, à mon sens, toute d'union, d'amour et de solidarité!

On nous parle toujours de la fraternité universelle qui doit, dans la société future, faire le bonheur des peuples. En attendant la venue de cet âge d'or, employons-nous donc de toutes nos forces pour faire dans notre modeste milieu ce qui sera peut-être mondial un jour; que ce soit dans notre petite patrie d'abord, dans la grande ensuite; le reste viendra par surcroît.

Je te disais tout à l'heure que notre budget était modeste.

Nos ressources sont en effet très limitées, la cotisation de chaque membre étant de 2 francs par an.

Nous avons bien quelques membres honoraires dont la générosité va de la pièce de 5 francs jusqu'au louis d'or, mais cela ne constitue pas quand même de grandes ressources.

Malgré cela, tu serais étonné d'apprendre tout ce que nous pouvons faire avec si peu.

Chaque année, nous donnons des volumes de prix aux enfants de l'école de garçons et nous distribuons des livrets de caisse d'épargne aux élèves les plus méritants.

Car, ainsi que tu l'as vu dans l'énoncé de nos statuts, nous n'oublions pas que nous avons pour but de favoriser le développement de l'instruction primaire.

Nous sommes inscrits comme membre honoraire à la Caisse des écoles.

Nous participons chaque année pour une petite part à l'organisation de la fête de l'arbre de Noël à l'école maternelle de Columbovillè, fête charmante, inspirée par une pieuse pensée, celle de mettre un peu de joie au cœur des déshérités.

Nous organisons des excursions afin de mieux faire connaître les beautés de notre sol et la richesse de ses productions.

Enfin, en dehors de ces différentes manifestations de notre activité, qui forment pour ainsi dire notre programme, nous saisissons encore chaque occasion qui s'offre d'étendre notre action bienfaisante.

Tu sais sans nul doute qu'un établissement

de bains-douches a été créé récemment à Columboville et nous pouvons tirer quelque fierté de
ce progrès, étant une des premières petites
villes de France à l'avoir réalisé.

Les créateurs de cette œuvre philanthropique
et vraiment démocratique ont fixé à o fr. 10 le
prix du bain-douche pour les enfants des écoles.

C'est un prix très modique, mais deux sous
cela compte quand même dans une famille
ouvrière. Aussi avons-nous eu la pensée de
décider que chaque année des bons seraient
remis entre les mains du directeur de l'école
de garçons qui les distribue aux élèves les plus
nécessiteux.

C'est peu tout cela, sans doute; aussi avons-
le regret de ne pouvoir faire davantage.

Qu'importe ? Personnellement, je suis convaincu que ce que nous faisons peut avoir une
influence considérable sur l'esprit de la géné-

ration qui va nous suivre. Il n'est pas possible que tant d'efforts en vue de faire un peu de bien ne provoquent un désir très louable de mieux faire et notre tentative vaut plus par les exemples qu'elle donne que par les effets immédiats qu'elle peut produire.

Elle a surtout ce mérite que tu ne saurais contester, de réunir par un lien vraiment fraternel tous les petits écoliers de jadis, devenus maintenant des hommes.

Je t'assure que nos réunions sont empreintes de la plus franche cordialité ; on s'y retrouve avec joie, on y discute avec courtoisie toutes les propositions susceptibles de favoriser le développement de notre action et nous multiplions les occasions de nous voir, parce que nous éprouvons, les uns et les autres, un plaisir réel à travailler ensemble à la prospérité de notre œuvre.

Tu me parais en douter : viens donc le mois

prochain au banquet que nous organisons chaque année et tu jureras si ce n'est pas réelle-
ment un spectacle réconfortant que celui que
nous t'offrirons.

Mais tandis que je bavarde, le temps passe ;
il passe avec d'autant plus de rapidité que ta
présence m'est plus agréable et je t'ai vu déjà
deux fois consulter ta montre.

Je ne voudrais pas, mon cher Armand, abuser
de tes courts instants.

Je regrette de te voir me quitter si tôt, j'au-
rais eu bien des choses encore à te dire : ce
sera pour ta prochaine visite.

— Demain, si tu veux, dit Larigolle. Il y a
si longtemps que je n'ai fait une promenade
matinale autour de Columboville ! J'éprouve-
rais un plaisir extrême à la faire en ta compagnie.

Si donc ma proposition te convient, rendez-vous à cinq heures près de notre vieille église.

Ton histoire du reste m'intéresse et je suis curieux d'en connaître la suite.

— A demain donc, dit Béquillard.

Après une cordiale poignée de mains, les deux amis se séparèrent.

Ce qu'elle doit faire

CHAPITRE III

Columboville était encore embuée de vapeurs matinales quand nos deux amis, exacts au rendez-vous, partirent pour l'excursion projetée la veille.

La journée s'annonçait superbe. Le soleil se levait, dans l'azur d'un ciel uniformément bleu, et le gazouillis des oiseaux annonçant le réveil des êtres et des choses, troublait seul la tranquillité de la ville endormie.

Ils gravirent lentement et silencieux la côte bordée de maisonnettes aux volets clos.

Déjà, des villages voisins, les paysans actifs descendaient vers Columboville les provisions

quotidiennes, et la route, déserte l'instant d'au-
paravant, s'animait comme par enchantement.

Armand Larigollé, le premier, rompit le
silence :

— J'attends la suite de ton histoire, dit-il.

Ils étaient arrivés sur le plateau. Devant eux
la plaine s'étendait immense. Les champs de
blé, aux lourds épis, ondulaient sous la brise.

Béquillard prit le bras de son ami et décrivit
un large cercle avec sa main droite.

— Vois, dit-il, la moisson est prochaine, le
labeur de nos camarades campagnards va trou-
ver là sa récompense. Demain les moissonneuses
sillonneront ces champs et les beaux épis
seront couchés sur le sol.

Puis aux jours brûlants de l'été succéderont
les jours brumeux de l'automne. Alors le travailleur recommencera sa tâche. La bonne terre

de Brie aura son flanc ouvert pour y recevoir la semence qui produira la moisson nouvelle.

N'est-ce pas là l'image la plus simple et la plus belle de la vie? N'est-ce pas la preuve la plus convaincante de l'utilité de l'effort persévérant?

Dans sa sagesse innée le semeur n'aura nul souci des frimas ou des neiges.

Qu'importe que décembre de blancs flocons couvre son œuvre! Qu'importe que janvier de vents glacés balaye la plaine nue! Il sait que lorsque reviendront les jours ensoleillés d'avril, la nature sortira de son engourdissement et reprendra son travail mystérieux et divin.

Le cœur humain est semblable au champ du moissonneur.

Lorsque d'un geste fraternel nous y jetons la semence d'amour, de paix, de concorde, pourquoi vouloir que la moisson produise ses fruits avant l'heure?

Toute création nécessite un enfantement souvent pénible et parfois douloureux. C'est une loi humaine contre laquelle celle des hommes est impuissante.

Imite donc la sagesse du travailleur des champs. Avant de juger notre œuvre, attends qu'elle ait produit les résultats que nous sommes en droit d'espérer. Du reste, ceux déjà acquis à l'heure actuelle, pour modestes qu'ils soient, ne sont pas tant à dédaigner.

Larigolle esquissa une timide protestation.

Béquillard sembla ne pas l'avoir entendue et poursuivit.

— Je t'ai dit hier ce que nous avions fait et, je l'avoue, cela est bien peu de chose; mais laisse-moi te dire aujourd'hui ce que nous voudrions faire.

Dans la bataille des idées qui se livre sur tous

les points du globe civilisé, au premier rang des revendications, tel un drapeau dominant la mêlée, on dit ces mots magiques : émancipation des travailleurs.

J'applaudis à cette généreuse pensée et je voudrais, moi l'humble ouvrier manuel, apporter ma part de collaboration à cette œuvre de régénération sociale.

Mais je suis de ceux, et je le proclame hautement, qui pensent que cette émancipation ne pourra se faire qu'en éduquant les masses.

Et c'est à cette œuvre d'éducation de la classe ouvrière que je voudrais voir les Associations fraternelles et la nôtre en particulier, consacrer tous leurs efforts.

Les sacrifices généreusement consentis par la République pour l'instruction populaire n'ont pas donné à l'heure actuelle les résultats qu'on était en droit d'attendre.

Des statistiques ne nous révèlent-elles pas
que 11.000 soldats d'une classe récente étaient
complètement illettrés et que 5.000 autres
savaient lire seulement? Quant à ceux qui
savaient lire et écrire, l'insuffisance de savoir
du plus grand nombre inspirait cette amère et
douloureuse réflexion d'un membre de l'Ins-
titut : « Je ne sais si leur savoir n'est pas plus
désolant que l'ignorance radicale de leurs camarades ; que penser de ces jeunes gens de 20 ans
qui, interrogés sur l'histoire de leur pays,
répondent que Jeanne d'Arc était une reine de
France et Bismarck un ministre de Napoléon? »

Les causes de cet insuccès qu'un philosophe
doublé d'un savant qualifiait exagérément
naguère de faillite de l'école laïque, sont multiples et tiennent à des motifs d'ordre différent.

Le principal est celui-ci : l'enfant de l'ouvrier
est appelé à gagner trop tôt son pain quotidien.

Pense donc qu'à douze ans la plupart des nôtres quittent les bancs de l'école. Combien en est-il cherchant à compléter leur mince bagage de connaissances utiles? Très peu, en vérité; c'est ce qui fait que quelques mois après la fin de sa fréquentation scolaire, le jeune apprenti a presque totalement perdu le bénéfice de ses six années d'étude.

Cette situation préoccupe tous ceux qui s'intéressent à l'enseignement populaire, question vitale pour notre pays.

C'était il y a deux ans M. le député Steeg qui dans son rapport sur le budget de l'instruction publique jetait ce cri d'alarme :

« Il faut avoir le courage de l'avouer, l'adolescence, dans notre société, est moralement abandonnée. »

Plus récemment encore l'éminent académicien Gabriel Hanotaux, dans une série d'articles des mieux documentés, démontrait la nécessité d'apporter au plus vite un remède au mal grandissant.

Hier enfin, un littérateur de grande valeur, Victor Margueritte, écrivait :

« Les neuf dixièmes de notre peuple d'écoliers, à douze ou treize ans, disent, sans esprit de retour, adieu à ces bancs où ils ont usé tant de fonds de culotte, sans y prendre, en échange, d'autres fonds. Ils s'en vont, insoucieux de poursuivre leur ombre d'éducation. Ils s'en vont, sans que la loi les oblige à compléter cette instruction qu'elle les a obligés à commencer, cette fameuse instruction qui n'est obligatoire et gratuite qu'en principe, et qui, en fait, laisse échapper tant d'élèves, et aux autres, coûte encore.

« Qu'arrive-t-il ? La rue, c'est-à-dire toutes les tentations de la fainéantise, l'absorption des

métiers harassants et hâtifs, l'alcoolisme allé-
chant, la promiscuité des ateliers... Et quand
ce n'est pas la rue, c'est le champ, rude labeur,
qui dégoûte de tout autre. Conclusion, on oublie
rapidement le peu qu'on a appris, et le nombre
de nos conscrits illettrés chaque année augmente.
Contre *un* en Suisse ou en Allemagne, nous en
avons actuellement, *cent*.

« Voilà le mal. C'est à l'âge où l'adolescence
aurait le plus grand besoin d'être suivie, sou-
tenue, que nous lui faussons compagnie. »

A ces généreux efforts individuels s'ajoutent
ceux de toutes les Associations qui ont pour but
de propager ou de protéger l'enseignement
primaire et l'une d'entre elles et non des moin-
dres, la Ligue de l'Enseignement, lors de son
congrès tenu à Tourcoing, émettait le vœu suivant :

1° Réaliser strictement la fréquentation scolaire obligatoire, en dressant dans toutes les communes la liste des enfants de 6 à 13 ans;

En exerçant un contrôle sérieux et continu de la fréquentation dans toutes les écoles primaires, publiques et privées:

En confiant ce contrôle à l'inspection primaire et en chargeant les juges de paix de punir les infractions.

2° Là où les leçons théoriques et pratiques sont poussées jusqu'à quatorze ans comme font tous les pays d'Europe qui ont adopté l'instruction obligatoire et subsidiairement prendre au minimum à titre de transition la limite de 13 ans sans que le certificat d'études primaires dispense de l'obligation pour le surplus de la scolarité.

Adolescents. — 1° Qu'à la suite de l'école élémentaire soient constitués des cours d'adolescents, obligatoires entre 14 et 18 ans, pour tous ceux qui ne continuent pas régulièrement leurs études dans les écoles d'un degré supérieur au primaire;

Que cet enseignement complémentaire comprenne, dans une mesure variable, suivant les exigences locales et les besoins des élèves :

D'une part, la révision des matières essentielles du programme de l'école primaire, les notions scientifiques appliquées qu'il est utile de posséder dans la vie courante, les leçons susceptibles de développer les vertus morales et civiques. »

Tu le vois, mon cher Armand, de tous côtés s'affirme chaque jour davantage le désir de remédier à une situation vraiment humiliante pour nous.

En effet, peu de pays ont fait des sacrifices aussi considérables que le nôtre, mais nous devons reconnaître que nos voisins mieux inspirés en ont su tirer un meilleur profit.

D'abord certains d'entre eux ont eu la sagesse de fixer à quatorze ans le minimum de fréquentation scolaire, d'autres, notamment la Prusse, la Hongrie, les Pays-Bas ont depuis longtemps institué l'instruction post-scolaire obligatoire. L'Allemagne, par exemple, avec son école dite de continuation, oblige ses enfants à poursuivre jusqu'à 18 ans leur développement intellectuel et leur formation morale.

La France, qui de tout temps a été à l'avant-garde des nations au point de vue des idées humanitaires et civilisatrices, peut-elle ainsi laisser amoindrir son prestige et sa force morale?

Je ne le crois pas.

Aussi voilà pourquoi j'estime que chez nous, en attendant que l'Etat prît l'initiative de remédier à un état de choses qui ne pourrait se prolonger sans être préjudiciable à la société toute entière, les Associations fraternelles d'anciens élèves, qui sont légion aujourd'hui, seraient qualifiées pour organiser des cours spéciaux que suivraient leurs membres et qui constitueraient l'éducation post-scolaire tant désirée.

Que faudrait-il pour cela?

Un local, un peu d'argent et beaucoup de bonne volonté.

Nous avons ici l'un et l'autre et s'il manquait quelques gros sous, il y a assez de gens de cœur dans Columboville pour nous aider.

Béquillard, très calme au début de la conversation, s'animait progressivement. Il mettait à défendre le projet qui lui tenait au cœur d'autant plus d'ardeur et de conviction que son ami Larigolle paraissait plus sceptique.

Le soleil montait, disque rouge à l'horizon

et ses rayons dardaient chassant les dernières vapeurs matinales.

Un petit bois bordant la route, offrait sa fraîcheur reposante comme une invite à la halte.

Nos deux amis s'y dirigèrent.

— C'est fort bien; ton idée est bonne, dit Armand, la mise à exécution sera, je crois, moins facile que tu ne le supposes.

Je me souviens qu'il y a quelque vingt-cinq ans, c'est-à-dire à l'heure où je quittais Columboville, sur un autre air on chantait la même chanson.

Les cours du soir devaient faire des merveilles.

Les résultats, ici comme ailleurs, ont été décourageants. La première semaine, quelques zélés se pressent dans la classe étroite, aux bancs trop courts, la seconde, leur nombre est réduit de moitié, et souvent avant la fin de l'hiver le combat cesse faute de combattants.

— Et c'est pour cela justement qu'il est nécessaire de créer autre chose, reprit Béquillard.

L'insuccès des cours du soir s'explique facilement. D'abord ces cours ne s'adressent qu'aux enfants dont le départ de l'école est récent. Et puis tout contribue à ce qu'ils soient peu du goût des élèves. L'heure est mal choisie. L'endroit souvent ne convient pas davantage. Enfin, les maîtres, malgré leur zèle, leur dévouement auquel je rends le plus juste hommage, les dirigent avec un esprit par trop pédagogique.

Ce qu'il faut c'est instruire en amusant.

Voilà pourquoi j'estime que le projet dont je te parlais tout à l'heure aurait plus de chance de succès.

Il y a tant de belles et bonnes choses à faire connaître à la jeunesse.

Nous avons à Columboville, des professeurs distingués, des instituteurs qui font honneur au personnel enseignant, des médecins, qui se passionnent et se dévouent pour les questions sociales, des lettrés de haute culture et j'affirme que les uns et les autres répondraient généreusement à notre appel.

Entrevois-tu, mon cher ami, le bien qui pourrait résulter de cette entreprise?

Tous ne pourraient qu'y gagner.

Il y a, quoi qu'en disent des esprits grincheux ou timorés, des trésors d'intelligence et des sources vives d'énergie dans la classe ouvrière, et cela me chagrine quand je pense que, faute d'expérience ou de conseils, la plus grande partie de cette richesse nationale sombre dans la détresse de l'alcoolisme ou s'annihile dans je ne sais quelle lutte de classe fratricide et démoralisante.

— As-tu donc l'espoir, dit Larigolle, de changer ce qui existe, parce que quelques beaux parleurs péroreront à perte de vue sur des sujets maintes fois ressassés? Tu t'abuses, mon pauvre ami.

— Non, reprit Béquillard avec force, j'espère. Qui te prouve que ce sont des sujets ressassés? Et puis, quand bien même cela serait, crois-tu donc que ton avertissement suffirait à me désabuser?

Au contraire, je serais tenté de répéter les vers du poète :

Si déjà vous l'avez entendue et souvent,
Tant mieux! clou martelé n'entre que plus avant.

Mais je suis persuadé qu'ils sont plus ignorants qu'avertis.

C'est par ignorance plus que par vice que la plupart de nos camarades s'intoxiquent par l'absorption de liqueurs malsaines.

C'est par ignorance encore que beaucoup de braves gens deviennent la proie facile de théoriciens sans scrupule, fauteurs de désordre et prêcheurs d'anarchie.

C'est par ignorance toujours qu'ils méconnaissent les lois les plus élémentaires de l'hygiène et que tant de malheureux sont frappés par les maladies que la science est impuissante à vaincre, mais qu'une sage prévoyance peut éviter.

— Tu noircis les ombres à plaisir, fit Larigolle. Crois-moi, la vraie sagesse est de penser à soi d'abord. Or, ton état de santé ne te permet

pas de te mettre ainsi la tête à l'envers pour un
tas d'idées généreuses sans doute, m s irréali-
sables.

— Je voudrais, poursuivit Béquillard, un peu
plus de bonheur pour chacun par la contribu-
tion de tous. Est-ce donc là à ton sens un rêve
d'une réalisation impossible?

Songe que les 20 millions de travailleurs,
nos camarades, constituent les forces suprêmes
du pays.

La Société a-t-elle le droit de laisser s'affai-
blir son patrimoine dans la personne de ses
enfants?

Si oui, nous n'avons plus qu'à assister indif-
férents ou le cœur angoissé, suivant les sentiments qui nous animent, à cette lente, mais
progressive décadence.

Si non, nous devons réagir et pour le faire

d'une façon efficace je ne connais pas de meilleure manière que celle dont je te parlais tout à l'heure : l'éducation des travailleurs qui sont trop souvent les auteurs même du mal dont ils souffrent.

Cette éducation ouvrira leur cœur et formera leur esprit et ils seront plus conscients de leurs droits mais aussi plus soucieux de leurs devoirs.

— Voudrais-tu par hasard, dit Larigolle, avec ironie, avoir la prétention d'en faire tous des demi-savants? C'est alors que la gaîté s'enfuirait de ce bas monde.

— Je voudrais tout simplement, répondit Béquillard, en faire des hommes et l'on n'est vraiment digne de ce nom qu'à la condition de le mériter par un labeur incessant et par la volonté ferme de s'instruire chaque jour davantage afin de devenir meilleur.

Ah! je prévois ton objection : l'instruction est aujourd'hui gratuite et obligatoire; donc chacun en a reçu sa part, tant pis pour ceux qui n'en font pas leur profit.

Malgré l'égoïsme de ton raisonnement, j'en reconnais l'exactitude.

Le nombre est grand malheureusement de ceux qui gaspillent bénévolement le petit bagage de connaissances utiles que le maître s'efforce de leur faire acquérir durant leur séjour sur les bancs de l'école, et je me suis livré à ce sujet à une petite enquête qui m'a dévoilé la profondeur du mal.

J'ai interrogé un grand nombre d'enfants de 13 à 16 ans leur posant cette question : « Tu dois lire, mon petit ami; dis-moi de tous les livres que tu as lus jusqu'aujourd'hui lequel t'a laissé le meilleur souvenir? »

Te l'avouerai-je? les réponses ont été à peu

près toutes pareilles. Les uns n'ont pas le temps de lire, d'autres se contentent de journaux illustrés où l'on trouve de l'esprit à bon compte; d'autres encore vont jusqu'au livre immoral édité à bas prix.

Pas un n'a répondu à ma question d'une façon qui pût me satisfaire.

Eh bien, là encore est un des écueils où sombrent tous les efforts faits en faveur de l'enseignement populaire.

L'enfant ne cherche pas à compléter son instruction; il préfère des émotions malsaines et cette précoce perversité morale a une influence des plus fâcheuses sur son développement intellectuel.

Lorsque nous serons parvenus au but que nous nous sommes assignés et qu'au cours de nos causeries, si tu trouves le mot conférence trop prétentieux, nous montrerons à l'adolescent le danger auquel il s'expose en agissant ainsi, je suis convaincu qu'il nous comprendra.

Car, je te le répète, j'ai la plus grande confiance dans le bon sens de la masse ouvrière. Foncièrement honnête et souvent généreuse à l'excès, elle subit trop facilement l'influence ambiante.

Je ne saurais mieux faire que de te citer comme preuve à l'appui de ma thèse l'exemple suivant.

Dans la ville de Saint-Denis, centre essentiellement industriel, qui passe, bien à tort du reste je le reconnais, pour un véritable foyer révolutionnaire, un brave homme d'instituteur eut la généreuse pensée, il y a quelque trente ans, de réunir ses anciens élèves, l'hiver, le soir après la journée faite et les après-midi du dimanche.

Peu à peu l'œuvre a grandi. Elle compte

aujourd'hui plus de 3.000 adhérents et chaque année ses succès sont de plus en plus nombreux.

Les cours sont divisés en trois parties distinctes.

Cours primaires où l'œuvre de l'école se trouve continuée, ce qui permet aux élèves de regagner rapidement le temps perdu, souvent par suite d'une circonstance indépendante de leur volonté.

Enseignement général, qui est à proprement parler le complément de l'école primaire, avec cet appréciable avantage que les élèves qui ont déjà quelques connaissances des difficultés de la vie, y puisent, grâce à un effort de volonté presque inconnu de l'écolier, des notions qui développent leur jugement et façonnent leur esprit.

Cours professionnels, qui permettent aux enfants d'acquérir les premiers éléments du métier qu'ils choisissent et grâce auquel ils pourront, plus tard devenir des ouvriers d'élite.

Cette Association, une des plus anciennes et des plus puissantes qui soient en France, comprend encore des cours spéciaux de dessin, de modelage, de musique et de sténographie. Elle embrasse en un mot toutes les connaissances utiles à la jeunesse.

Elle possède une bibliothèque que lui envierait plus d'une grande ville et le nombre des volumes qu'elle prête annuellement à ses adhérents atteint le chiffre énorme de 8.000.

Et note bien que, par la force de l'exemple, une société rivale est arrivée à des résultats équivalents. Fais un peu le total. Et quelle bonne bouffée d'air pur et vivifiant apportée là par une idée généreuse !

Voilà le fait dans son éloquente simplicité.

Quant à ses conséquences morales, elles sont certainement incalculables et dignes de classer le brave instituteur, créateur de cette œuvre, au rang des bienfaiteurs de l'humanité.

Eh bien, je te l'avoue, mon cher Armand, nous voudrions à la Fraternelle de Columboville marcher sur les traces de l'Association de Saint-Denis.

Tu vois combien est grande la tâche qu'il nous reste à remplir.

Mais les difficultés qu'elle laisse entrevoir ne sauraient refroidir notre ardeur.

— Allons, dit ironiquement Larigolle, te voilà prédicateur d'un nouvel évangile.

— Dis plutôt le défenseur d'une cause que je crois juste, riposta Béquillard. Prédicateur, dis-tu, le nom ne fait rien à la chose et si j'avais un jour l'honneur de prendre la parole devant nos amis de la Fraternelle, sois assuré, mon cher Armand, que je commencerais par leur rappeler ces paroles tirées de l'Évangile et que nous citait si souvent notre vénéré maître M. Lavallée : « Aimez-vous bien les uns les autres », car l'amour seul peut ici-bas produire des œuvres fécondes et durables.

— A quand l'entrée en campagne pour cette sainte cause? fit Armand, dans un bruyant éclat de rire.

Béquillard garda le silence.

— Alors, tu crois très sérieusement, reprit Larigolle dont l'ironie se faisait de plus en plus agressive, que ces petites parlottes, — nomme-les causeries ou conférences, comme tu voudras, — sont capables de transformer l'état de choses actuel? Voyons, mon cher ami, as-tu bien étudié ton projet et connais-tu si peu l'ingratitude humaine, pour t'imaginer que ce qui est médiocre ou même mauvais peut devenir meilleur, tout bonnement parce qu'un rêveur épris d'idéal voudrait qu'il en fût ainsi? Caresse le plus longtemps possible ta chimère et recule à l'extrême limite sa mise à exécution car je prévois bien des désenchantements.

— Si tes craintes se bornent là, répondit Béquillard, je suis rassuré. Tout d'abord ton pessimisme est outrancier. La masse est meilleure que tu ne le supposes. En tout cas il ne saurait être question de son ingratitude, parce que, en ce qui nous concerne, nous ne tablons pas sur sa reconnaissance.

En matière d'éducation et surtout d'éducation populaire celui qui possède et qui donne fait son devoir; cette satisfaction doit lui suffire. Tels sont les sentiments qui nous guident, et si plus tard nous avons quelque regret ce sera certainement de n'avoir pu faire davantage et non certes d'avoir trop fait.

Les deux camarades reprirent leur promenade un instant interrompue à l'ombre du bois.

Maintenant toute la plaine était inondée de soleil et semblait plus vaste et plus belle encore sous le chaud ruissellement des épis d'or.

CHAPITRE IV

Abandonnant la route qu'aucun ombrage n'abritait, les deux amis gagnèrent à travers champs, un chemin de terre qui les conduisit jusqu'à la ferme voisine.

Larigolle goûtait un charme infini ; tantôt un bouquet d'arbres à l'écorce desquels il avait laissé jadis ses fonds de culotte, tantôt quelque vieux mur aux trois quarts démantelés où il avait, turbulent gamin, exercé son ardeur guerrière, lui rappelait les bons moments de son enfance.

— Je suis heureux, dit-il à Béquillard, de retrouver tels qu'ils étaient il y a plus d'un quart de siècle, tous ces témoins de nos jeux d'autrefois, et cette délicieuse promenade me laissera le plus agréable souvenir.

Au moment où ils arrivaient près de l'étang qui dépend de la ferme, le propriétaire apparut, gros homme réjoui, qui la main tendue dit à Béquillard :

— Eh bien, l'ami Eugène, voilà un temps propice pour une promenade matinale. Mais ce sacré soleil altère, fais-moi donc le plaisir d'entrer boire un verre de cidre.

— J'accepte avec reconnaissance et vous demanderai même autre chose si vous voulez me le permettre.

— A ton aise, mon gaillard, ici tu es chez toi, car je sais par mes fils qui font partie de

l'Association Fraternelle quel brave cœur tu es.
Que puis-je faire qui te soit agréable?

— Ce serait, dit Béquillard, de nous autoriser,
mon ami et moi, à visiter votre ferme.

— Ah oui, l'ancien domaine des Templiers, fit
le fermier. C'est de l'histoire, et tu sais, pour ça
je m'y connais moins qu'à faire pousser le blé,
l'avoine et les betteraves. C'est que de mon
temps l'instruction n'était pas répandue comme
aujourd'hui.

A dix ans, les gamins de mon époque travail-
laient déjà du matin au soir : on ne pensait
guère à tout ce qui se fait maintenant.

Vois-tu, moi, poursuivit le fermier, qui
paraissait en verve, j'aime la République parce
qu'elle a beaucoup fait pour l'instruction de la
jeunesse et j'aime aussi ceux qui comme toi

mettent à profit ce qu'ils ont appris pour l'enseigner aux autres.

Fais donc à ton ami les honneurs de ma propriété; pendant ce temps je vais mettre au frais une bouteille de la dernière récolte. Nous nous retrouverons tout à l'heure et nous trinquerons ensemble à la prospérité de l'Association fraternelle.

Et le fermier s'éloigna, tandis que Béquillard guidant Larigolle lui faisait visiter la ferme.

Bâtie sur un des points culminants du plateau, elle domine toute la vallée.

Le panorama est splendide; sur les deux versants, de coquettes maisons aux toits de briques émergent des bosquets touffus, et de tous côtés, la plaine, la belle plaine briarde étale sa culture si diverse et si riche qu'il semble qu'une fée bienfaisante ait présidé à l'éclosion d'une si merveilleuse fécondité.

Les souvenirs historiques qui se rattachent à l'ancien domaine des Templiers, ainsi que les vestiges qui subsistent de sa splendeur d'autrefois ajoutent encore au charme de sa pittoresque situation.

Béquillard ne fit grâce à son ami d'aucune date, ne négligea aucun détail, et de la grange actuelle établie dans l'ancienne chapelle, au pigeonnier juché dans les ruines d'une antique tourelle, la visite fut complète.

Après avoir remercié le fermier et fait la promesse de revenir, de temps à autre, boire le verre de l'amitié, les deux amis reprirent le chemin de Columboville.

Larigolle semblait avoir abandonné sa belle humeur et paraissait pensif.

Béquillard le lui fit observer.

— Non, mon cher Eugène, répondit-il, je

réfléchis à tout ce que tu viens de m'apprendre,
car, te l'avouerai-je? j'ignorais totalement l'histoire du domaine des Templiers, que tu viens
de me narrer et cela m'a beaucoup intéressé.

— En effet, dit Béquillard, quand je t'énumé-
rais tout à l'heure tout ce que nous comptions
faire à l'Association fraternelle, j'ai oublié de te
dire que l'étude de l'histoire locale était com-
prise dans le programme de nos travaux.

Connaître son pays c'est l'aimer davantage,
disait naguère l'historien Rambaud, ancien
ministre de l'instruction publique. Je me suis
inspiré de cette vérité, et après de patientes
recherches, j'ai pu apprendre, imparfaitement
peut-être, mais suffisamment pour l'enseigner
aux autres, tout ce qu'il est utile de connaître
de l'histoire de notre cher pays.

Il y a là une source inépuisable de sujets à

traiter, car l'histoire d'une ville ne comprend pas seulement le récit plus ou moins détaillé des principaux faits dont elle a été le théâtre, mais encore tout ce qui a constitué sa vie journalière, souvent misérable et parfois glorieuse, dans les siècles qui nous ont précédé.

La nôtre n'a pas, je le reconnais, de hauts faits à évoquer, mais son histoire n'en est pas moins instructive et j'estime que ce serait faire œuvre utile en l'enseignant à ses enfants.

Plus d'un serait sans doute aussi étonné que tu paraissais l'être tout à l'heure, et beaucoup, j'en suis convaincu, puiseraient à cet enseigne- men un amour plus profond du vieux sol natal, aujourd'hui malheureusement si souvent déserté.

Bien que le retour se fût effectué.très lente- ment en raison de l'excessive chaleur, les deux amis dépassèrent bientôt les premières maisons de Columboville.

Ils arrivèrent près de l'école communale de garçons au moment de la récréation.

Les trois cent cinquante élèves prenaient leurs ébats dans la vaste cour ombragée, sous la surveillance des maîtres, qui, reconnaissant Béquillard au passage, lui firent de la main un signe amical.

Celui-ci répondit tout joyeux et dit à Larigolle :

— Vois ces petites têtes brunes et blondes sur lesquelles fort heureusement les dures nécessités de la vie n'ont pas encore marqué leur empreinte. C'est l'avenir de notre pays. Ces gamins-là, ce sera la France de demain.

Tant qu'ils seront sous la tutelle des maîtres dévoués qui dirigent leur formation intellectuelle et morale, tout ira bien.

Mais après... après, ce sera pour la plupart d'entre eux le dur labeur quotidien qui fatigue le corps; ce sera l'âpre lutte pour la vie avec son total effrayant de désillusions, d'amertume et parfois de douloureux sacrifices.

S'ils ne sont pas suffisamment armés pour cette lutte, si leur âme n'a pas été fortement trempée, combien succomberont à la tentation malsaine qui s'offre sous tant de formes multiples et variées!

Si, au contraire, à leur sortie de l'école, ils trouvent un autre foyer intellectuel et moral où leur jeune énergie viendra se retremper, si, aux heures de défaillances, quelqu'un est là pour leur dire la beauté de l'effort et pour exalter en eux le sentiment généreux de l'idéal, aucune chute n'est à craindre.

Eh bien, mon cher Armand, je te le répète, c'est là le but que nous poursuivons et l'Association fraternelle de Columboville, j'en suis convaincu, saura mener cette tâche jusqu'à la réussite.

Nous appellerons à nous les travailleurs manuels et au cours des causeries-conférences que nous projetons d'organiser, nous aborderons toutes les branches des connaissances humaines accessibles à leur intelligence : art, littérature, histoire générale et locale, géographie, questions sociales, prévoyance, mutualité, assurance, hygiène, etc., etc.

Nous leur apprendrons la richesse insoupçonnée de notre langue; nous leur lirons les plus belles pages de nos grands écrivains, nous les conseillerons dans le choix judicieux de lectures instructives et attrayantes.

Nous combattrons sans relâche : l'alcoolisme, ce fléau, et l'égoïsme, cette laideur, qui sont les plaies qui rongent l'organisme social.

En un mot, nous travaillerons de toutes nos

forces au développement de l'instruction de la jeunesse, car là est la solution du problème qui fera la France plus forte par l'union de tous ses enfants et la République plus belle par une plus noble conception de sa grandeur.

Mais nous voici au terme de notre promenade, ajouta Béquillard.

Au revoir, mon cher Armand, quand tu seras de retour à Paris, songe un peu quelquefois à tes amis de Columboville. Nous ne t'oublierons pas.

Larigolle prit les mains de Béquillard et les secouant avec force :

— Moi non plus, je ne vous oublierai pas, dit-il.

Puis il ajouta avec un tremblement dans la voix qui trahissait l'émotion profonde dont il était empreint :

— Pardonne-moi, mon cher Eugène, si mon insouciance a pu te causer quelque peine.

Mon scepticisme s'est évanoui à la chaleur de ta parole vibrante de sincérité ainsi que la brume matinale qui ouatait Columboville à notre départ a disparu sous les premiers rayons du soleil.

Tu es un brave cœur et je t'admire.

J'envie ton sort aujourd'hui, moi qui stupidement le plaignais hier et j'appelle de tous mes vœux le jour, prochain peut-être, où je pourrai venir me reposer dans la douce intimité du clocher natal.

Ce jour-là, mon vieux camarade, je serai un des membres les plus assidus de l'Association fraternelle, et, si tu veux bien me le permettre, un des collaborateurs les plus actifs de l'œuvre admirable que tu veux entreprendre.

Après une chaude accolade les deux amis se séparèrent.

Et pendant que Béquillard, lentement et comme poursuivant son rêve, regagnait sa demeure, Larigolle descendait vers Columboville.

Avant de disparaître au détour du chemin, il fit un signe d'adieu, en murmurant :

— Pauvre ami pour qui la nature fut si marâtre, tu goûtes ici-bas la meilleure et la plus pure de toutes les joies, celle que procure la satisfaction du devoir accompli.

COULOMMIERS

Imprimerie Dessaint et Cie.